北京语言大学对外汉语
教材研发中心规划项目

对外汉语长期进修教材

第 6 级

LEVEL CHINESE
拾级汉语

主编：吴中伟　高顺全　陶炼　　编著：王蕾

写作课本
Writing

北京语言大学出版社
BEIJING LANGUAGE AND CULTURE
UNIVERSITY PRESS

图书在版编目(CIP)数据

拾级汉语·第6级·写作课本/吴中伟,高顺全,陶炼主编;王蕾编著.—北京:北京语言大学出版社,2011.8
ISBN 978-7-5619-3099-1

Ⅰ.①拾… Ⅱ.①吴… ②高… ③陶… ④王… Ⅲ.①汉语-写作-对外汉语教学-教材 Ⅳ.①H195.4

中国版本图书馆CIP数据核字(2011)第170066号

书　　名:	拾级汉语·第6级·写作课本
责任印制:	汪学发

出版发行:	北京语言大学出版社
社　　址:	北京市海淀区学院路15号　邮政编码:100083
网　　址:	www.blcup.com
电　　话:	发行部　82303650 / 3591 / 3651
	编辑部　82303647 / 3592
	读者服务部　82303653 / 3908
	网上订购电话　82303668
	客户服务信箱　service@blcup.net
印　　刷:	北京联兴盛业印刷股份有限公司
经　　销:	全国新华书店

版　　次:	2011年8月第1版　2011年8月第1次印刷
开　　本:	787毫米×1092毫米　1/16　印张:6.25(写作练习本3.25)
字　　数:	68千字
书　　号:	ISBN 978-7-5619-3099-1 / H·11143
定　　价:	33.00元

凡有印装质量问题,本社负责调换。电话:82303590

编写说明

　　本套系列教材可供各国来华学习汉语的长期进修生使用，也可供其他类型的学习者选择使用。旨在发展学习者听、说、读、写各项语言技能，培养汉语语言能力和汉语交际能力。学习者也可选择系列中的一部分，用于提高某一方面的语言技能。

　　对长期进修生的汉语教学有其显著的特点。他们学习汉语半年或半年以上，初、中、高水平不等，在汉语基础、技能发展、学习期限、学习目标等方面呈现出极大的差异性和多样性。不同母语背景的学生一般混合编班教学，每周20课时左右。面对上述特点，我们在教学设计上需要有更多的灵活性，在教材结构上需要有更强的针对性，在教学容量上需要有更大的弹性。

　　国家汉办《高等学校外国留学生汉语教学大纲·长期进修》在"教材编写与选用"中提出："各有关教学单位应根据长期进修教学的特点，编写、选用适用于不同等级的、小循环的教材。每册书的教学周期不宜超过一个学期（初、中等的两级，高等的一级），一级一册更为适宜。"本教材系列正是一套以《高等学校外国留学生汉语教学大纲·长期进修》为依据进行总体结构设计的"适宜"的教材。

　　本教材系列的最大特点在于：细化层级，逐层递进。

　　根据长期进修教学的特点，我们认为，长期进修教学宜以教学级次而不是年级来划分，教学级次就好像是一层层阶梯，学习者通过分班考试，根据汉语水平，对应不同级次，编入相应班级，从而各得其所，拾级而上。根据《高等学校外国留学生汉语教学大纲·长期进修》，我们把级次分为：初等4级，中等4级，高等2级，共10级。其中初、中等分得比较细，各分4个级次，每级大约需要8周左右（第一级前2周为"起步"阶段），一个学期可完成2级。高等分2个级次，每级大约需要16周左右（一个学期）。在教材设计上，按级分册（另加"起步"一册），分别配置相应的听、说、读、写课本，从而构成本套纵横配套的系列教材。学完《拾级汉语》全部分册，学习者可达到高级汉语水平。

此外，本系列教材还具有以下特点：

一、多重循环，逐步深化。

每册教材在内容上具有相对的完整性，各册教材在语言项目上的联系不是靠简单的承接，而是靠螺旋式的小循环来实现。这样，学习者可以根据自己的水平，在不同的级次上进入本教材的学习序列。

二、纵横配套，相辅相成。

1. 兼顾系统性和实用性。一方面要循序渐进，另一方面要急用先学，综合课、读写课系列侧重于系统性，听说课、泛读课系列侧重于实用性。

2. 课型随教学阶段的变化而变化，在初级阶段以综合为主，中级阶段加强技能训练的针对性，高级阶段适当考虑语言能力的专门化。

3. 区分语体风格。各课型在语体特色和语体教学上各有侧重，相互配合。

4. 词汇教学由各门课共同承担，实现总词汇量的分流。

三、简明实用，发展创新。

1. 注意教学安排的可操作性，板块处理的简明性，版面设计的人性化。

2. 重视课文内容的趣味性、真实性，强调语言教学的交际性、实用性。

3. 吸收汉语本体研究成果、汉语学习规律和汉语教学规律的研究成果。重视语汇教学、汉字教学，吸收任务型教学法的特点。

本套系列教材共45本，其总体结构基于以下课程设计。列表如下，供使用者参考：

课程级次		起步	综合	听说	听力	新闻听力	口语	社会焦点	精读	泛读	报刊阅读	写字	写作	周课时
				听说					读			写		
初	一	20												20
			12	6								2		
	二		12	6								2		
	三		10		4		4			2			2	
	四		10		4		4			2			2	
中	五				4		4		8	2			2	20
	六				4		4		8	2			2	
	七				4		4		8	2			2	
	八				4		4		8	2			2	
高	九					2		4	6		2			14
	十					2		4	6		2			

各级次的周课时一般为20课时。第3、4级次的"泛读"教材，可以作为课外阅读材料，不单独设课。本表中第9、10级次的周课时为14课时，可辅以一定量的选修课，这里不列。

本教材系列的总体设计和编写工作由三位主编合作主持，各有侧重，大致分工如下：

吴中伟：负责"起步"，第1级至第4级的"综合"课本，第3级、第4级的"泛读"课本，所有的"写字"、"写作"课本。

高顺全：负责第5级至第10级的"精读"、"泛读"课本，以及"新闻听力"、"社会焦点"和"报刊阅读"课本。

陶　炼：负责所有的"听说"课本、"听力"课本和"口语"课本。

从长期进修教学的特点出发，本套教材各册之间既相互衔接配套，又有相对的独立性，因此，使用者既可以采用整套教材，也可以根据各自的不同情况，选用其中的一部分。《拾级汉语》系列教材在出版前大多已在复旦大学国际文化交流学院试用过，但是肯定还会存在不足、疏漏之处，敬请各位同行批评指正！

编　者

本册使用说明

《拾级汉语·写作课本》覆盖第3级到第8级，共6个级次，其中第3、4级次属于初级写作，第5、6、7、8级次属于中级写作。

本册是《拾级汉语》第6级写作课本，共8课，设计目标为8周，每周学1课，每课2课时，共16课时（不包括考试）完成。

下面就本册教材的主要特点进行说明，供教师参考。

一、关于写作内容

实用性是激发学生学习动机的重要因素。本册教材从留学生在中国的学习、生活实际出发，选取七个主题，每课围绕同一主题展开，以内容为中心，兼顾文体。

在现实生活中，写作或是个人情感的抒发，或是书面交际的需要，对第二语言的初学者来说，后者更为重要。在本册教材中，我们重视写作的书面交际功能，强调写作者与读者交流的真实目的性。练习大都有明确的交际目的和阅读对象，也希望教师将学生是否成功完成书面交际任务作为基本评估标准。

二、关于教学设计

本册第一至七课均包括四个部分：（1）小组讨论，（2）热身练习，（3）写作小贴士，（4）写作练习。前三个部分为写前准备阶段，为学生开始写作进行准备和铺垫。其中，"小组讨论"提示本课主题，通过学生之间的交流来打开写作思路，激发写作兴趣。"热身练习"要求学生独立阅读一些简单的语言材料，并完成相关的理解性练习，从而进一步理解写作内容，激活相关语言知识。"写作小贴士"则针对某个写作知识点进行讲解和操练，是以直接的方式帮助学生进行写作准备。第四部分"写作练习"是每课的核心部分。

写作课的价值在于写作过程本身。写作过程中为完成书面交际任务而进行的学习、尝试、修改是提高书面表达水平的关键。教师应注意鼓励学生在写作过程中勇于尝试，反复修改；应引导学生互为读者，在交互阅读过程中就内容本身向对方作出真实反馈，根据对方反馈进一步完善语言形式；对于学生的习作，教师应及时批改，重点讲评。

第八课为复习课，旨在通过集中回顾、梳理，在前七课的基础上，促使学生在书面表达上实现阶段性飞跃。

三、关于输入材料

在本教材中，我们提示了相关文体的格式要求，列举了相关内容的表达方式，但不提供范文。我们鼓励学生创造性使用语言，写出具有自己风格和特色的作文。

四、其他

每课中出现的生词，标注拼音，并配有英语解释，教师无须讲解，学生可根据需要有选择地识记。在写作小贴士中，一些列举词语没有标注拼音和解释，教师可以在课堂上讲解，也可以要求学生在课前作好预习。

由于第八课复习时需要学生回顾自己第一至七课的作业，所以教师从一开始就应提醒学生保留这些作业。

书后附有词汇表和前七课部分练习的参考答案，方便教师上课和学生自学。词汇表以词语出现的先后顺序按课编排。

本书附有配套《写作练习本》，供学生写作练习使用。

由于时间和水平的关系，本教材肯定存在这样那样的问题，希望广大使用者能对本教材提出批评和建议，以帮助我们进一步修改。

目录 Contents

■ **第1课 我的家乡** /1
　　一、小组讨论
　　二、热身练习
　　三、写作小贴士
　　四、写作练习
　　附录　张大为和家乐的对话

■ **第2课 给市长的一封信** /11
　　一、小组讨论
　　二、热身练习
　　三、写作小贴士
　　四、写作练习
　　附录　书信写作提纲

■ **第3课 照片背后的故事** /23
　　一、小组讨论
　　二、热身练习
　　三、写作小贴士
　　四、写作练习

■ **第4课 读后感** /31
　　一、小组讨论
　　二、热身练习

I

三、写作小贴士

四、写作练习

附录　1. 读后感

　　　2. "红色闪电"刘翔

■ 第5课 通过几件事来写一个人 / 41

一、小组讨论

二、热身练习

三、写作小贴士

四、写作练习

附录　张大为介绍表妹

■ 第6课 谈话记录 / 49

一、小组讨论

二、热身练习

三、写作小贴士

四、写作练习

附录　1. 小明和爷爷的对话

　　　2. 演讲：吸烟的危害

　　　3. 采访高考状元

■ 第7课 数据和图表 / 63

一、小组讨论

二、热身练习

三、写作小贴士

四、写作练习

附录　1. 课余时间的安排

　　　2. 老龄化问题

■ **第8课 复习** /71
　　一、小组讨论
　　二、重新阅读
　　三、交换阅读
　　四、重新写作

词汇表　/76
部分练习参考答案　/79

LESSON 1

第1课
我的家乡

一、小组讨论

你的家乡在什么地方?有哪些让人印象深刻的特点?

二、热身练习

1. 阅读课后附录,按照在对话中出现的顺序给下列几张图片排序,并用一句话介绍图片中的事物。

   排列顺序:_____

   (1)

   _____

   (2)

   _____

第 6 级

第 1 课 我的家乡

（3）

（4）

（5）

（6）

2. 根据图片和附录中的对话内容完成以下语段，用张大为的口气介绍他的家乡。

我的家乡_____。

吃在上海。上海不但有很多著名的本帮菜，还有很多别具特色的小吃，_____。

玩在上海。上海有很多值得一逛的地方，比如说_____，它是_____；比如说_____、_____；又比如说_____。

上海也是一个中西合璧的城市，既保留了传统的海派文化，又融入了新的外来元素，_____。

上海话也是上海的一个重要特色，上海人打招呼的时候_____。如果您来这里旅游的话，不妨先学上两句简单的上海话。

新世纪的上海是现代化、国际化、时尚化的城市，她将热情地欢迎世界各国朋友的到来。

本帮菜 běnbāngcài
local food

中西合璧 zhōngxī hébì
Chinese and Western styles combined

元素 yuánsù
element

不妨 bùfáng
might as well

三、写作小贴士

文章的开头方式

俗话说,好的开头是成功的一半,由此可见开头的重要性。下面简单介绍几种常见的文章开头方式。

(1)开门见山:即直接了当引入主要内容。这种方式简明、利落,主题清晰。

(2)引用材料:这里所说的材料主要包括名人名言、诗句、成语、俗语及与主题相关的背景信息等。这种方式比较委婉、间接,但必须注意和文章主题保持一致。

(3)采用修辞:即运用比喻、设问、排比等修辞方式引出文章的主题。这种方式表达的感情比较强烈,很吸引人。

无论采用哪种开头方式,都必须切合文章的主题,同时也必须注重简洁的原则,不能长篇大论、离题千里。

开门见山 kāi mén jiàn shān
to come straight to the point
利落 lìluò
easily and smoothly in one action

修辞 xiūcí
rhetoric
简洁 jiǎnjié
concise

阅读下列文章开头,说说它们分别属于哪种开头方式。

1. 我的家乡——上海,是一座非常现代化而又不失传统特色的大都市。

2. "上有天堂,下有苏杭",我的家乡就在那如天堂般美丽的苏州……

3. 每个人都有自己的家乡,有的人的家乡高楼林立、繁华热闹,有的人的家乡山清水秀、风景如画,还有的人的家乡人杰地灵、名人辈出,而我的家乡却是一个景色平平、贫穷落后的小县城……

4. 俗话说,"桂林山水甲天下",朋友,您到过桂林吗?您游览过桂林的秀丽风光吗?

5. 我的家乡青岛,像一颗灿烂的明珠镶嵌在山东半岛上。碧海蓝天、红瓦绿树一直是青岛的骄傲。特别是最近几年来,家乡的变化更大了……

辈出 bèichū to come forth in large numbers	镶嵌 xiāngqiàn to inlay
甲 jiǎ to rank first	

四、写作练习

1. 两位同学一组,参考下表了解对方的家乡,并根据问题答案填表。

我的家乡	具体情况
地理位置	
历 史	
传统建筑	
特 产	
食 品	
景 色	

2. 以《我的家乡》为题目设计四种开头方式。写完后读给同学听,选出最合适的一种方式。

3. 根据选定的开头方式，结合上表的内容，写一篇题目为《我的家乡》的作文。（400字左右）

附录

张大为和家乐的对话

家　乐：大为，你忙什么呢？陪我去书店吧。

张大为：不好意思，我得赶紧收拾行李。快放寒假了，我刚买好回家的火车票，准备明天动身。

家　　乐：对了，我还不知道你老家在哪儿呢？

张大为：哈哈，听说过小笼包吗？

家　　乐：哦，你是说上海小笼包？我吃过，但不是在上海吃的。你老家在上海？

张大为：没错儿。

家　　乐：上海是个好地方啊，不是刚在那儿举办了世博会吗？我看过中国馆的照片，很有传统特色！

张大为：是啊，怎么样，要不跟我一起去趟上海吧，顺便去尝尝<u>正宗</u>的上海小笼包。上海还有很多好吃的呢，像排骨年糕啊，梨膏糖啊，五香豆啊，芝麻卷啊什么的。

家　　乐：呵呵，我正打算今年暑假去上海旅游，到时候你能给我当导游吗？

张大为：当然没问题。

家　　乐：对了，听说上海是中国的经济中心，有著名的金茂大厦，还有环球什么来着？

张大为：环球金融中心。上海还有很多标志性建筑，比如说东方明珠。

家　　乐：对对对，到时我一定要好好游览。对了，上海有什么传统的建筑吗？就像北京<u>四合院</u>、苏州园林那样的。

张大为：石库门啊，上海的新天地有很多石库门改建的酒吧，传统的建筑结合西式的装修，很有味道的。

家　　乐：太好了，一定得去<u>一饱眼福</u>。

张大为：是啊，上海可以逛的地方太多了，例如南京路、淮海路、外滩，等等。

家　　乐：嗯，这些地方我都听说过，有机会一定要去好好逛逛。

张大为：不过，更重要的是，你得先学会一句话，"侬好！"

家　　乐："侬好"？

张大为：就是上海话的"你好"，哈哈！

家　　乐：我记住了！大为，侬好啊！

正宗 zhèngzōng
authentic

四合院 sìhéyuàn
a residence consisting of a courtyard surrounded by buildings at the four sides

一饱眼福 yì bǎo yǎnfú
to feast one's eyes (on somebody or something)

侬好 nóng hǎo
hello

2

LESSON 2

第2课
给市长的一封信

一、小组讨论

你经常给别人写信吗？写信的基本格式是什么样的？你觉得给朋友写信和给老师写信有哪些不同？

二、热身练习

1. 阅读下面这封信，并回答问题。

> 尊敬的韩市长：
>
> 　　您好！
>
> 　　非常抱歉在您百忙之中打扰您，如果您能抽出宝贵的时间过目一下我这个普通学生的来信，我真是不胜感激。
>
> 　　随着经济的发展，上海各

不胜 búshèng
(used to indicate degree of emotion) very, deeply

方面的建设正在有条不紊地进行着。但是，我和我的同学却发现了这样一个问题，希望能得到您的重视：在马路、街道及居民小区甚至电梯内都能经常发现宠物狗的大便，这严重影响了环境卫生。尽管已有过多次针对此类问题的倡议，但效果不大，居民的配合度远远不够。

我们经过反复思考，提出以下几点建议，希望能得到您的肯定：第一，在电梯内安装一些监视器，对于不及时收集狗便的违规者，给予处罚。第二，增强宣传力度，让更多的市民知道这是一种很不文明的行为。第三，可以在电梯内设置一些狗便的回收筒，方便养狗的人们及时处理狗便。希望这一不文明的现象能够不再出现，希望上海能够变得更干净、更美好！

有条不紊 yǒu tiáo bù wěn systematically

倡议 chàngyì proposal

监视器 jiānshìqì a television screen used to show particular kinds of information

> 希望我们的建议能被有关部门采纳。也祝您身体健康，工作顺利，万事如意！
> 　此致
> 敬礼！
>
> 　　　　　　　一个普通的大学生
> 　　　　　　　2011年2月10日

采纳 cǎinà
to accept (a suggestion or policy, etc.)

（1）这封信是谁写给谁的？为什么要写这封信？

（2）在信中找出以下词语的近义词或近义短语，并说说这些词能否取代信中的词？为什么？

看一下　　（　　）　　很有秩序　（　　）

已经　　　（　　）　　放　　　　（　　）

增长　　　（　　）　　采用　　　（　　）

2. 给这封信列一个写作提纲。

开　头：表示尊敬的称呼。

第一段：＿＿＿＿＿＿＿＿＿＿

第二段：＿＿＿＿＿＿＿＿＿＿

第三段：_____
第四段：_____
结　尾：署名和日期。

三、写作小贴士

词语的选择和推敲

只有使用准确的词语，才能恰当地表情达意，因此，选择和推敲词语是写好文章的重要环节。如何选用词语，尤其是辨析词义相近的词语，需注意以下几个方面：

（1）**词汇意义**：有些词语虽然意义相近，但在语义轻重、适用范围或搭配习惯等方面存在细微差别。如："我很热爱我的同桌。""热爱"一般用于家乡、国家等对象，用于同桌语义太重了，可改为"喜欢"。又如："我今天买了很多书籍。""书籍"泛指所有种类的书，范围太大，应改为"书"。又比如："弟弟长得很可爱，圆圆的脸蛋，肥肥的小手。""肥肥"常与动物搭配，应改为"胖胖"。

（2）**感情色彩**：意义相近的词有时还有褒义和贬义的区别，应视对象加以区分。如："运动员得意地前进。"这句话是赞美之意，应把贬义的"得意"改为褒义的"自豪"或中性的"骄傲"。

（3）**语体色彩**：应区别口语语体与书面语体。如上文写给市长的信比较正式，就应多用书面语，特别是专用的敬辞；而写给朋友和亲人的信就比较随意，口语词更为合适。

（4）**避免重复**：如果文中多次重复出现同样的词语，往往会显得单调，因此，在不影响意义的情况下，词语多一些变化能使语言更生动、丰富。如："小明是个调皮的孩子，不过他的弟弟比他更调皮。"后一个"调皮"换成"淘气"效果会更好。

推敲 tuīqiāo
to think carefully about something, usually before making a decision

辨析 biànxī
to discriminate

褒义 bāoyì
commendatory

贬义 biǎnyì
derogatory

敬辞 jìngcí
term of respect

用"＿＿＿"画出下面句子中使用不当的词语，并换成合适的词。

1. 他亲密的笑容给我留下了很好的印象。（　　）
2. 每个暑假，我都会回老家拜访我的父母。（　　）
3. 周末，我们光临了桃子的家，为她庆祝生日。（　　）
4. 他是个性格顽固的学生，无论遇到什么困难，都不会放弃。（　　）
5. 爸爸有时对我很严厉，但心里却很爱戴我。（　　）
6. 蝴蝶在花丛中自由地飞翔。（　　）
7. 让我们强烈鼓掌欢迎新同学的到来吧。（　　）
8. 这张贺卡是弟弟亲手制造的，所以妈妈收到卡片的时候非常高兴。（　　）
9. 我家门前种着一排树林，一半是桃树，另一半是梨树。（　　）
10. 来中国以后，我经验了很多意想不到的事情。（　　）

四、写作练习

1. 改正下面这封信中的语言错误。

尊敬的校长先生：

您好！

我是本校即将毕业的一名学生，回忆这六年来的学习经验，我感到非常愉快，也一直为自己是这所学校的学生而得意。在离开母校之前，我根据自己这几年来的亲身体会，觉得我校还有一些<u>美中不足</u>的地方。在此，我给您提几条意见，供您参考。

一、噪声问题

一天下午，教室里十分安静，我和同学们正专心地做课堂作业。突然，从学校的正北方传来阵阵喇叭声，同学们都吓了一跳，大家纷纷<u>抱怨</u>起来。老师也说："学校就该离社区远一点儿。"下课后，我重复思考老师

第 2 课 给市长的一封信

美中不足
měi zhōng bù zú
imperfect

抱怨 bàoyuàn
to complain

上课说的话，觉得非常有道理。因此，我向您建议，把学校迁到离社区远一点儿的地方。还有一些噪声是学校本身产生的，例如，音乐课堂等。所以，我认为应该设立一个专门的音乐教室，这样同学们上其他课时，就不会受到歌声的干扰了。

二、增加英语课时

英语是全世界的通用语言，在当今社会中，英语日益普及，我们也应该更加积极地学习英语，从而将来能更容易步入社会，从而达到走向世界的目的。可是，现在学校每个星期的英语课太少，上过就忘了。所以，我建议学校增加英语课时，并且增加英语的课外活动。

三、操场跑道问题

操场是学生健身和课间活

第 2 课　给市长的一封信

动的场所，应该安全舒适而美观。可是，我们的操场地面是石子的，十分硬，学生一不小心就会将手或腿摔破，很不安全。所以，我提议将操场变化塑胶的。

以上是我的几点建议，请您考虑。

此致

敬礼！

学生：王小雨

2011年5月30日

塑胶　sùjiāo
plastic cement

修改：

（1）_____

（2）_____

（3）_____

（4）_____

（5）_____

2. 模仿课后附录,给你所在学校的校长写信谈你关心的问题,为这封信列一个写作提纲。(100字左右)

3. 你对现在居住的城市有什么意见和建议?请给市长写一封信,表达自己的观点和看法,注意词语的选择。(500字左右)

附录

书信写作提纲

致国际文化交流学院院长的一封信

（1）表示尊敬的称呼和问候

（2）说明自己的身份

（3）提出写信的目的：下课时教室周围同学吸烟的现象比较严重，污染空气，影响其他同学的健康。

（4）提出自己的建议：学院应采取相应的措施，比如说张贴禁烟标志、设置专门的吸烟区、对违反者进行一定的惩罚等。

（5）再次请求学院重视这个问题，希望自己的建议得到采纳。

（6）结束语："此致""敬礼"等。

（7）署名和日期。

LESSON 3

第3课
照片背后的故事

一、小组讨论

你喜欢照相吗?有没有哪张照片让你印象深刻?为什么?

二、热身练习

1. 根据下列照片回答问题。

①

②

 ③  ④

（1）这四张照片可能是在什么地方拍的？

_____

（2）这四张照片有什么共同的主题？

_____

（3）看看下面的两段话分别跟哪张照片对应？

A. 瞧这位老人，正靠着树压腿呢。虽然头发已经花白了，但还是那么精神，腿压得笔直，连年轻人都比不上她呢。

B. 一位白发苍苍的老人正坐在桃树旁的石头上<u>聚精会神</u>地看报纸。

jù jīng huì shén, to concentrate one's attention

2. 描述一下另外两张照片的内容，然后和你的同伴交流一下，看看谁描述得更有意思。

_____

_____

_____

_____

第 3 课　照片背后的故事

三、写作小贴士

句式的变化

不同的文章内容可通过不同的句式来表现,而同样的内容也可用不同的句式来表达。或长或短、或整或散的句式能使文章富于变化,生动活泼。以下从两个方面来说明:

(1)**长和短的变化**。长句字数较多,通常比较复杂,有强烈的书面色彩和修饰意味;短句字数较少,通常为简单句,比较活泼和口语化。

例如,有这样两组句子:a. 自然资源是有限的。在不久的将来,它们将被消耗完。这一问题正得到全世界的关注。这已经是一个被广泛接受的事实。b. 众所周知,全世界都在关注一个问题——有限的自然资源将在不久的将来被消耗完。

很明显,前者为短句,后者为长句。长短句式的选择并不是绝对的,它们各有其适合的语言环境,也各有其优缺点。短句简单明确,但在表达精准复杂的意义时效果欠佳;长句附加的定语和状语较多,句义较严密,但太长的话会导致句子僵化和繁复。长短句式穿插使用,会使文章节奏鲜明、意义丰富。

(2)**整和散的变化**。散句很常见,句式比较自由;而整句则句式整齐、节奏分明,有较强的抒情色彩,并多用排比、对偶等修辞方法

来表现。比如:"钱能买到书籍,不能买到知识;钱能买到药品,不能买到健康;钱能买到时装,不能买到美丽;钱能买到朋友,不能买到友谊。"又如:"谦虚使人进步,骄傲使人落后。"整句和散句穿插使用,能使文章层次丰富、错落有致。

僵化 jiānghuà
to rigidify

对偶 duì'ǒu
antithesis

⌃ 句式变换练习

1. 将下面的长句改成几个短句,保持意义不变。

在学院组织的长达一个星期的教学旅行中,全体师生怀着愉快的心情参观了包括故宫、天安门在内的十几处名胜古迹。

2. 给下面的短句增加一些修饰性成分,扩展成长句。

这是一张有意思的照片。

老师在给同学上课。

_____

_____

3. 把下面句中画线部分的散句变成整句。

尽管大家都来自不同的国家,<u>说的语言不一样,彼此的文化差别也很大</u>,但学好汉语却是大家的共同目标。

尽管大家都来自不同的国家,_____

_____

_____

但学好汉语却是大家的共同目标。

4. 在横线上填上一组整句,使句子意思完整。

由于人类不注意保护环境,环境问题越来越严重:清澈的溪水被染成了黑色,_____,_____,_____。因此,我们每个人必须不断增强我们的环保意识,担负起保护我们的家园——地球的重任。

四、写作练习

1. 找一张近期报纸上的照片,通过几种不同的句式来描述照片的内容。

例如:

　　春节快到了,每个地方都有很多庆祝活动。在我的老家,最受欢迎的活动是舞狮子。表演的人穿上花花绿绿的狮子服,装扮成狮子的样子,模仿狮子的动作,周围敲锣打鼓,场面非常热闹。男男女女、老老少少都被吸引住了,有的人目不转睛地盯着看;有的人笑得前仰后合;有的人喜笑颜开地跟着叫好;还有的人干脆踮起了脚尖,趴在别人的肩膀上。舞狮子的人最兴奋,舞动着花花绿绿的狮子头,上蹿下跳,逗得大家哈哈大笑。舞狮子真是一种既热闹又有趣的庆祝活动啊!

前仰后合 qián yǎng hòu hé
to sway from side to side (with laughter)

2. 每位同学课前准备一张与自己有关的照片，以小组为单位，向其他同学讲述照片中的故事（至少3分钟）。讲述过程中其他同学可随时提问，并记下故事的主要内容。

3. 选择你最感兴趣的组内同学的一张照片，介绍照片中的故事，注意长句和短句、整句和散句配合使用。（500字左右）

LESSON 4

第4课
读后感

一、小组讨论

你平时喜欢看什么课外书?哪本书或哪篇文章曾经给你留下深刻的印象?

二、热身练习

1. 阅读课后附录1,看看每篇读后感分别对应哪本书,并根据读后感内容完成表格。

书 名	对应的读后感	作 者	主要内容（概括）	感想（概括）
《老人与海》				
《假如给我三天光明》				
《哈利·波特》				

三、写作小贴士

什么是读后感

读后感是指读了一本书、一篇文章或一段话后的感想。读后感的基本格式如下:

(1) **题目**。"《×××》读后感";也可以用"读《×××》有感";还可以另外确定一个题目,再加上副标题"读《×××》有感"。

(2) **作品简介**。如书名或篇名、作者、写作年代、写作背景等。

(3) **作品的内容概要**。这部分内容是为后文做铺垫的,是谈感想的基础,应注重简洁,只简述与感想相关的内容。

(4) **对作品的感想**。通常是先提出最主要的观点,然后围绕这个观点结合自己的实际进行论述。

(5) **结尾**。简单地总结自己的观点,以求前后呼应。

简述 jiǎnshù
a short description of something

⌃ 将下列句子按正确的顺序连接成文,并拟一个标题。

标题:＿＿＿＿＿＿＿＿

1. 读完这本书,我明白了,只要我能把一件事情从头做到尾,不管我是成功了还是失败了,只要我尽力去做了,对我来说就是一种成功。因为我去做了,而且坚持到了最后。

2. 总之,这是一本让我深深思考的书,它让我明白,坚持才能胜利。

3. 想到自己平时做事经常 半途而废、虎头蛇尾，我不禁惭愧，自己为何就不能像他们一样坚持到底呢？

4. 最近，我阅读了中国古代四大名著之一——《西游记》，文中曲折的情节和唐僧师徒的 离奇 经历给我留下了深刻的印象。

5. 唐僧师徒不畏艰险、坚持不懈 的精神确实值得我们学习。

6. 这种精神正是我所缺少的。

7. 本书作者吴承恩为读者讲述了唐僧和他的三个徒弟一路上历尽艰险，经历了九九八十一难，最终取得真经的故事。

排列顺序：_____

半途而废 bàn tú ér fèi
to give up halfway

虎头蛇尾 hǔ tóu shé wěi
fine start and poor finish

离奇 líqí
fantastic

坚持不懈 jiānchí búxiè
persistent, unremitting

四、写作练习

1. 模仿下列语段写一段话，介绍你喜欢的一本书或一篇文章。

A.《西游记》——中国古代四大名著之一，是一部优秀的神话小说。它的作者是明代的吴承恩，书中讲述了唐僧和他的徒弟们历经千辛万苦，赴西天取经的故事。这本书在中国影响巨大，并被翻译成多国语言，深受广大读者的欢迎。

B. 《哈利·波特》是英国女作家J.K.罗琳所著的系列小说，一共有七部，描写的是哈利·波特和他朋友们的魔法故事。它被评为全世界最畅销的四部儿童小说之一，并被改编成系列电影，风靡全球。

畅销 chàngxiāo	风靡 fēngmǐ
to be in great demand, to sell well	fashionable

2. 阅读课后附录2，概括文章的主要内容，并写一段自己的感想。（50～100字左右）

3. 参照本课介绍的读后感的基本格式，针对你喜欢的一本书写一篇读后感。（400字左右）

附录

1. 读后感

A. 今年暑假，我读了美国著名作家海明威的小说《老人与海》。

小说描写了一个老渔夫，在一次出海打鱼时，钓到了一条大鱼，却拉不上来。老渔夫与大鱼斗争了几天，又遇上了鲨鱼和风浪，但仍然没有放弃，最终将大鱼带回了家。

读完这篇小说后，我非常受触动。我十分佩服小说中老渔夫的意志，他让我懂得了一个道理——一个人一定要有坚持不懈的精神，才能获得成功。在生活中，困难是不可避免的，我们应该以乐观的态度来对待，决不能半途而废。只有这样，我们才能获得最终的胜利。

B. 一个棕色头发、鼻梁上架着一副宽边大眼镜的男孩。他手持一根神奇的魔法棒，轻轻一点，便能带你进入神奇的魔法世界。他拥有一把神奇的扫把，骑上它，便能尽情地在空中飞行。他是谁？他便是神奇的小魔法师——哈利·波特。

J.K.罗琳在《哈利·波特》这本书中，讲述了小哈利和他的朋友们在魔法学校中生活和学习的点点滴滴。他们面对邪恶力量时，坚持不退缩，一次又一次渡过难关。

哈利·波特和他的朋友们的勇敢机智给我留下了深刻的印

象。他们始终都有一个信念："危险时刻都存在，但只要相信自己，勇敢地去面对困难甚至恶魔，就一定可以胜利。"这是多么坚定的信念啊！每次看到这样的情节，我都被他们这种坚定所感动。

C. 我读过一本名叫《假如给我三天光明》的书，其中的情节至今仍令我难以忘记，故事是这样的：

作者海伦·凯勒生活在19世纪下半叶。她是一个生活在黑暗中却又给人们带来光明的女子，她度过了生命中的88个春秋，却熬过了87个无声、无光的孤独岁月！因为她一岁半时患了一场大病，导致了盲、聋、哑。然而，就是这样一位女性，经过努力竟毕业于哈佛大学，并用自己的力量，写下多本小说，建起多所福利院。海伦以她惊人的毅力，在黑暗中寻找光明！

读完这本书后，我思绪万千！我在想，如果我是海伦，我是否能接受命运的挑战，并在黑暗中寻找光明。不，我不能。海伦是多么坚强呀！是啊，谁都可以凭借顽强的毅力获得成功！海伦的身体虽不自由，但她的心却是自由的！我下定决心要向海伦学习，成为一个拥有顽强毅力的人！

点点滴滴 diǎndiǎndīdī
dribs and drabs
邪恶 xié'è
evil
难关 nánguān
difficulty
春秋 chūnqiū
spring and autumn, year

思绪万千 sīxù wànqiān
to be lost in a myriad of thoughts
毅力 yìlì
the ability to control your thoughts and actions in order to achieve what you want to do

2. "红色闪电"刘翔

是谁在雅典奥运会上以12秒91的成绩平了世界纪录？是谁在世界田径大奖赛上以12秒88的成绩，打破了由英国名将杰克逊保持了13年之久的世界纪录？是刘翔，是中国男子110米栏运动员刘翔。

1983年7月13日，一个小生命在上海出生了，他就是刘翔。刘翔，他的名字就代表着有一天能展翅飞翔。

12岁那年，刘翔还是个瘦弱的孩子，被启蒙教练顾宝刚发现完全是个偶然。他尽管瘦弱，但柔韧性好，脚下速度快，在1996年上海市青少年田径比赛中，刘翔轻松拿下100米冠军，"速度快，节奏好"，这令看台上的一个人眼前一亮，他就是孙海平——刘翔现在的教练。

跨栏，无论在当时还是现在，都是个冷门项目，也是一个技术要求相当高的项目。高难度和高运动量的训练让刘翔经常练到吐，晚上躺在床上，膝盖的伤口总会隐隐作痛，而且经常在睡梦中疼醒。刘翔的妈妈想让儿子放弃当运动员，但顽强的刘翔最终还是回到了训练基地。

刘翔靠着自己的能力，靠着顽强拼搏的精神，时间不长就一鸣惊人，开始了他一路拼搏、一路辉煌的运动生涯。

2004年的8月27日，刘翔，身穿红色运动服，站在雅典奥运会110米跨栏决赛的起跑线上，真的要飞翔了。

刘翔从起跑到终点一路领先，整个过程非常完美。

刘翔、刘翔、刘翔赢了！刘翔，你是中国的骄傲！

刘翔在接受记者采访时说："是的，今天我是世界冠军，我要让所有人都看到，我，一个中国人，也能飞起来。"一个充满自信的21岁上海大男孩，用自己的双腿，向世人证明，一切皆有可能。

（选自董涛的博客，有改动）

| 柔韧 róurèn
pliable and tough
拼搏 pīnbó
to go all out to win success | 一鸣惊人 yì míng jīng rén
to amaze the world with a single brilliant feat, to become famous overnight |

LESSON 5

第5课
通过几件事来写一个人

一、小组讨论

你最喜欢/崇拜/羡慕/佩服……的人是谁？为什么？请列举三件以上的事情来说明原因。

二、热身练习

1. 下面是关于张大为表妹的三幅漫画，请用简短的句子描写漫画的内容。

2. 阅读课后附录，给这篇文章拟一个题目。

题目：_____

三、写作小贴士

围绕中心选择材料

在描写人物的文章中，通常会采用具体的事例来说明人物的特点。因此，在写作前必须先确定文章的中心，要描写什么样的人物，他的特点是什么，然后再根据这个中心选择具体的事件作为材料，按照一定的顺序组织全文。一般来说，要注意以下几个方面：

（1）选取最真实、最熟悉的事件，这样才能使读者感同身受。

（2）选取的事例必须典型，以便能够更深入地表现人物特点。

（3）选取的事例有两种组织形式：一、**平行式**，即多个事例间为平行关系，共同反映人物特点的某一方面；二、**连贯式**，即多个事例层层推进，这些事例之间存在一定关联。

（4）选取的事例应通过一定的顺序编排，常用的有时间顺序和逻辑顺序两种。

第5课　通过几件事来写一个人

感同身受 gǎn tóng shēn shòu	逻辑 luóji
to feel as if one experiences something in person	logic

> 从下列语段中选取合适的段落，将其按照一定的顺序分别编排成文，并在标题的横线上填上一个形容词。

我的_____的同桌

A. 每天，上课睡觉是她的必修课。于是，我不得不接受一项艰巨的任务：我在学习之外，还要保证她睡觉时绝对安全。有一次上物理课，她睡觉被老师发现了。事后，她竟然对我说："你怎么不喊我啊？别人睡觉都有人提醒。你这人怎么这么差劲啊？"

B. 他长得胖乎乎的，小小的塌鼻子下面，那张大嘴巴总是紧紧闭着。还有几根乌黑的头发，令人发笑地翘在前额。

C. 他还爱打人。我刚和他同桌不到两星期，就被他打了十来次。老师知道了，就把我俩找去，严肃地问他："你再打怎么办？"他眨了眨眼睛，大声说："那好办，就叫他打还我三下嘛！"

D. 前些天语文测验，我得了98分，她呢？97分，就这么一分之差，她就不高兴了，嘟着嘴把我的考卷拿过去，瞪大眼睛，仔细地看了半天，好像要发现什么不对似的。

E. 他很爱睡懒觉。有一次创造了一个睡觉的纪录，从晚上7点一直睡到第二天12点，真是惊人！

F. 昨天，我不小心踩了他一脚，我连忙说了声"对不起"，可他还是踢了我一脚。我很生气，都已经跟你道歉了，还踢我！于是我便也一脚踢下去，狠狠地说：

"你把我的白袜子弄黑了!"他也毫不示弱:"你也把我的新皮鞋踩脏了!"于是,一场桌下的"战争"开始了。

G. 他是一个帅小伙儿,有着一副运动员一样健美的身材;一双大眼睛清澈明亮,闪烁着智慧的光芒;唇线清晰,嘴角微微上翘,让他看起来更加帅气。

H. 最近,他又有了一个新的爱好,就是趁你不注意的时候,突然从角落里钻出来大叫一声,我每次都被他吓一跳。

I. 她在桌子上画了一条线,只要我的东西超过了那条线,那就是她的了,可怜我的笔啊、橡皮啊,慢慢地就都变成她的了。

J. 他读书用功,是学校里的优秀学生,但他在同学面前却从来没有一点儿骄傲的情绪,而且待人温和,还很喜欢帮助别人。

K. 他最擅长跑步,在去年的全校运动会上得了800米第一名。刚开始他跑得并不是太快,到了第二圈就越跑越快,渐渐超过了所有对手,最后获得了冠军,为班级争得了荣誉。

艰巨 jiānjù
onerous

塌 tā
(of a nose) short, flat and turned up at the end

嘟 dū
to pout

示弱 shìruò
to give in, to yield

四、写作练习

1. 为以下几个作文题目选取合适的事例。（3件以上）

我最崇拜的人	
我最喜欢的一个老师	
我家的调皮鬼	
一个好人	
我的热心朋友	
不受欢迎的客人	

2. 介绍你的一个中国朋友,用几件具体的事情表现这个人的一个或几个特点,注意事例之间的联系和顺序。(500字左右)

第 5 课　通过几件事来写一个人

附录

张大为介绍表妹

大家好,我是张大为,今天我想介绍一个我最佩服的人,她就是我的表妹。她不仅是个"武术高手"、"故事大王",还是个"小画家"呢。

"叮铃铃……"每天早上六点,她就早早地起床了。或许你会有些奇怪:她起那么早干什么?当我们呼呼大睡的时候,她呀,已经连蹦带跳地去练习武术啦。不管是炎炎夏日,还是三九严寒,她一天也没有间断过,已经坚持了整整三年了。她的武术练得有模有样,是个响当当的"武术高手"。

"哈哈哈……"大家都笑开了。每次我们在一起玩耍的时候,她都会讲一些有意思的小故事,逗得大家哈哈大笑。特别是当谁有什么不高兴的时候,听了她的故事,所有的烦恼顿时都没有了。难怪在社区里玩耍的小朋友,见到她,个个都忍不住把头探到我们中间来,聚精会神地听她谈天说地呢。怎么样,不愧是"故事大王"吧?

最近,她还在学画画。看,她大笔一挥,耸立的山峰,清澈的溪水,万紫千红的花朵……样样都活灵活现,让人赞叹不已。大家都夸她是个"小画家"。

看,这就是我"全能"的表妹!

谈天说地 tán tiān shuō dì
to chat randomly

万紫千红 wàn zǐ qiān hóng
a blaze of color

活灵活现 huó líng huó xiàn
vivid

LESSON 6

第6课
谈话记录

一、小组讨论

你喜欢和什么样的中国人聊天？一般都聊些什么？你从中获得了什么样的信息？跟同伴交流一下。

二、热身练习

1. 阅读课后附录1，根据文中的信息，完成下面的表格。

谈话的主题	谈话的内容

2. 阅读课后附录2，找出这段话的主要观点和理由。

主要观点：_____

理　　由1：_____

理　　由2：_____

理　　由3：_____

三、写作小贴士

如何记录并整理谈话内容

谈话属于口语交际的一部分，有对话、报告、采访等多种形式，比起书面文体来，具有相对随意的特点。谈话涉及的内容比较广泛，中心比较分散，话题比较自由，而谈话记录的目的则是将这些相对随意的内容，围绕一个或几个中心，按照一定的顺序编排，整理成有条理的一段书面文字。

基本步骤是：

（1）确定谈话的中心，也就是主要话题。比如，附录1的主要话题就是爷爷读书的情况。

（2）围绕中心进行记录，即记下和主话题相关的要点，无关的或是重复的内容可以略去不记。比如，如果谈话内容是介绍一个人，就应该记下他的身份、主要性格或经历，最好能写一个提纲，把每个方面单独列出来，再补充细节，做到重点突出。如果谈话是关于一件事，就应该记下六个基本要素：发生了什么事（何事）、谁和这个事件有关（何人）、这个事件是什么时候发生的（何时）、是在什么地方发生的（何地）、为什么会发生这个事件（何故），有的还要加上一个结果（最后怎么样）。又比如，谈话是关于对某件事情的看法或观点时，就应该记下以下几个方面：基本观点或态度、理由、一些用来证明观点的典型的例子或数据等。总之，应根据不同的谈话类型来选择不同的记录重点，力求能精简地抓住谈话的主要内容。

（3）对谈话记录的要点进行整理。围绕话题中心，按照时间顺序或逻辑顺序将要点及其相关细节编排成文。

随意 suíyì
at will

阅读课后附录3，修改以下谈话记录，并将其整理成文。

（提示：注意记录的重点是否突出、层次是否清楚、是否有重复的地方等。）

刘诗泽是北方人，身高1米83或1米84。

（1）他的爱好：打篮球、看书、听歌、玩电脑、照相、聊天。

（2）他非常喜欢玩电脑，初二的时候每天都花很长的时间玩电脑，差不多有半年的时间。玩电脑虽然没有挨骂，但耽误了学习。原来他一直考第一名，玩电脑以后就只能考第二名了，他已经习惯考第一了，所以当时的感觉不太好。

（3）他很喜欢摄影，主要是帮同学拍些活动的照片，曾经在学校获过奖。

（4）他的爱好很多，比如说玩电脑和照相，但关键的时候玩得比较少，他吃东西和睡觉的时间不多。

（5）他有很多优点和缺点。

（6）他很会利用和安排时间：学习的时候专心致志地学习，但也会有适当的休息。休息可以让他适当地放松。

（7）他的爱好不仅能让他放松，而且能让他的生活更丰富多彩。

四、写作练习

1. 根据热身练习1关于附录1的谈话主题和内容,按一定的顺序,将其整理成一篇小短文。(200字左右)

2. 以小组为单位,每个同学准备一段时长约5分钟的小报告,题目为《我最难忘的一件事》,依次讲述,其他同学记录报告的主要内容。注意记录事件的六个基本要素,听的过程中如有不清楚的地方可以向这位同学提问。记录完毕后互相交流,并整理成文。(300字左右)

3. 找一段课外的口语材料（比如电视节目中的人物访谈、公交车上一段中国人的对话、名人的演讲、校长的报告等），选择最合适的记录方法，按照最合理的顺序，记录其要点并整理成一篇语句通顺的文章。（500字左右）

附录

1. 小明和爷爷的对话

小明：爷爷，我有个问题想向您请教，可以吗？

爷爷：当然可以，我愿意为孙子效劳，你有什么想知道的？

小明：爷爷，我发现您的记性真好。有时候，有的古诗我背不出来，您却能脱口而出，这有什么好办法吗？

爷爷：这没什么特别的办法，只有多读书。你没看见爷爷每天早上都在读书吗？现在已经成习惯了。

小明：爷爷，您除了读古诗的书外，还读些什么书呢？

爷爷：我读的书可多了，有《上下五千年》，有《三国演义》，还有《论语》；再就是报纸杂志，有《环球日报》，有《新民晚报》，还有《文摘周刊》、《读者》等。

小明：爷爷，读这么多书和报纸不累吗？

爷爷：当然不累，难道你不知道吗？看书就像和人谈话，总能让人有所收获。你听过这样四句话吗？"身体再累也要读书；工作再忙也要读书；收入再少也要买书；交情再浅也要送书。"你看，这几句话说得多好啊！

小明：我也知道读书有许多好处，可我没有时间呀！

爷爷：你不讲我还忘了，读书的时间在于挤。像你每天放学回来，把书包一放，就去玩电脑，写作业拖拖拉拉，每天搞到十来点，哪还有时间读课外书？

小明：爷爷，我接受您的批评。您读书还有什么方法吗？

爷爷：方法那就多了，比如你读完书可以把里面的好词好句抄下来，以后你写作文时可以用上。

小明：谢谢爷爷，我以后一定要像您那样多读书、会读书，我今天学到的太多了！

脱口而出 tuō kǒu ér chū
to blurt out

2. 演讲：吸烟的危害

同学们知道我们为什么要反对吸烟吗？现在我就来谈谈吸烟对我们的危害。

第一，吸烟影响个人形象。对于这一点，同学们可以注意观察你身边吸烟的人，他们大都牙齿很黄，并且有口臭，常常大声咳嗽，脸色也不太好。这些都严重影响了个人形象。

第二，吸烟损害健康。吸烟会导致肺癌、喉癌、口腔癌等多种癌症，也会导致心血管病、慢性支气管炎、肺气肿等很多疾病。吸烟几乎会损害人体全部重要器官。据研究，香烟中含有四十多种致癌物质，每年有上百万人死于吸烟引发的疾病。

第三，吸烟伤害他人。为什么这样说呢？美国医学研究人员发表的研究报告指出：人体吸烟时所呼出的气体中含有大量的尼古丁。据研究，一支香烟所含的尼古丁可毒死一只老鼠，而大约一包香烟所含的尼古丁能毒死一头牛，而且尼古丁等有毒物质大多存在于吸烟者所呼出的气体中。所以，吸烟对被动吸烟者的影响比直接吸烟者严重得多。

同学们，听了这些话，你们有什么感想呢？为了我们自身的健康，也为了他人的健康，让我们远离香烟，让我们校园的空气更加清新吧！

| 肺气肿 fèiqìzhǒng | 尼古丁 nígǔdīng |
| pulmonary emphysema | nicotine |

3. 采访高考状元

记　者：你是北方人吧？我看你个儿挺高的。

刘诗泽：我是黑龙江的。我刚过1米80，可能1米83，或者1米84。

记　者：你有什么爱好呢？体育应该不错吧？

刘诗泽：体育运动中我比较喜欢打篮球，但是打得不太好。我爱好挺多的，比如看书、听歌、写东西，等等，我比较喜欢玩电脑、照相、和同学聊天。这些爱好里面我最喜欢玩电脑，曾经有段时间到了痴迷的程度。

记　者：能不能说说痴迷到什么程度？

刘诗泽：那时候还在学校上课，大概是初二的时候，每天中午和晚上放学都会去网吧玩电脑，这样差不多有半年。

记　者：那时候有没有因为这个影响学习，挨过骂？

刘诗泽：挨骂倒没有，影响学习是肯定有的，玩电脑那段时间在全年级的名次下降了。以前经常考第一，可那时一直考第二。虽然只是差了一名，但是我觉得第二和第一的感觉不一样，有很大的差别，我想一定是因为玩电脑耽误了学习。

记　者：听说你比较喜欢摄影，有没有什么特别值得自豪的作品？

刘诗泽：有一些在学校比赛中获奖的作品，但那都是比较早的事情了。我爱好摄影，平时同学活动时常叫我照相，同学们觉得我照得很漂亮，我很开心，同学看的时候也很开心。

记　者：我知道很多高中生大部分时间都是用来学习，你怎么有这么多的时间发展自己的兴趣爱好？

刘诗泽：我爱好很多，但是我并没有整天一直搞自己的爱好。我在学习的关键时候就不怎么去弄自己的爱好了。比如说玩电脑，我在高三的时候，几乎都没摸过电脑。高一高二或者平时放假，那时候经常玩电脑，也经常跑出去摄影，这些都是利用一些课外时间。我平时学习的时间比较少，我不属于那种特别勤奋的学生，只是在需要我勤奋的时候，我就勤奋一下，不需要我勤奋的时候，或者说绝大多数情况下，我比别人都懒惰。别人一天学四个小时，我一般都学三个小时，比别人少四分之一吧。

记　　者：所以有人说老天爷太不公平了，刘诗泽凭什么这么聪明？你认可这种说法吗？

刘诗泽：这个得分开讲，人说老天爷不公平，我同意。但是，我觉得在我身上很公平，我有很多缺点。我比较懒，不会做家务，说话比较笨，反应比较慢。

记　　者：说说你的优点都有哪些。

刘诗泽：优点就是对于比较重要的事情记忆比较好，小的事情我就不记得了。学习的那些东西背起来都挺快的，计算能力比较强，比较善于和同学搞好关系，有一大堆好朋友。

记　　者：你的学习时间比别人少，成绩却很好，那么你在有限的时间里面是怎么去学的？

刘诗泽：大学我还不了解，但是以前学的东西都不是很多。平时学习大部分都是做重复的事情，我只是重复的遍数比较少而已。成绩好可能是因为我在学习的时候非常投入，全心全意去学。我不喜欢那种往桌子前面一坐，好像在看书，其实是在发呆。如果我要看书，我一定非常认真，看书看困了，就会立刻睡觉。

记　者：高三临考前你怎么合理安排你的时间？

刘诗泽：也没怎么安排，跟其他同学差不多，在学校的时候按照学校的上下课时间学习。晚上下晚自习回家从十点多看电视看到十一点，然后开始学习，一直学到十二点睡觉。

记　者：你觉得适当的休息给你带来什么？

刘诗泽：休息让我感到很放松，电视不是特别吸引我。我坐在那里边看电视边和爸爸妈妈说话，吃点儿水果，晚上回家在电视上面消耗到十一点。因为这个事我爸还跟我吵架，那会儿他跟我说，按他的打算我天天晚上就应该学习，学习到十一点就去睡觉，省得第二天不愿意起。

记　者：爸爸是不是觉得你应该更刻苦？

刘诗泽：不是，他们觉得我已经比较刻苦了，他们是觉得我的时间安排有问题。他们的想法就是为什么我一定要回家先看电视，他们就觉得我不如先学习到十一点，然后早早睡觉。

记　者：你不是也觉得电视没什么意思吗？

刘诗泽：人的精力也是有限的，我学习一天了也想休息，但是我还得学习，不能一回家就睡觉。我回家还想吃点儿东西，我还是挺馋的一个人，最爱吃牛肉，也爱吃水果。生活中不是只有学习。

记　　者：兴趣爱好除了给你带来放松，还有其他的收获吗？

刘诗泽：那些东西会告诉我，我不是一个只为了学习而存在的人。我是一个喜欢生活丰富多彩的人，如果没有一点儿兴趣爱好，完全为学习而存在，我觉得那样不是我。我爱好非常多，每件事情都比较擅长，但都不是最擅长。

（选自《成功靠自己——高考状元访谈录》，作者：朱鹰，有改动）

痴迷 chīmí
be infatuated

LESSON 7

第7课
数据和图表

一、小组讨论

你是怎么安排自己的课余时间的？用5～7句话说明一下。可参考课后附录1。

二、热身练习

1. 阅读下面的图表，回答问题。

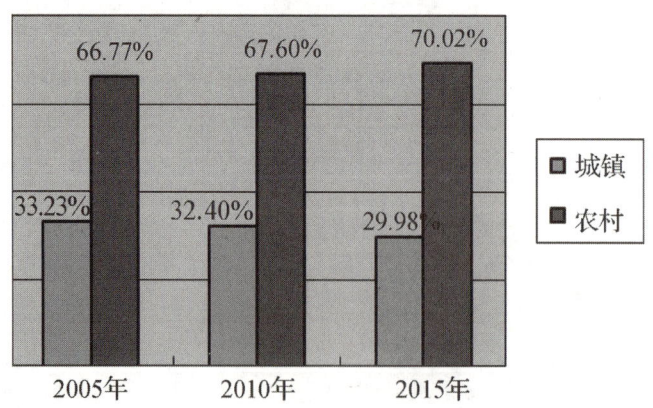

（1）2005年城镇老年人口的比率是多少？

（2）2010年农村老年人口的比率是多少？

（3）哪一地区的老年人口增长较快？

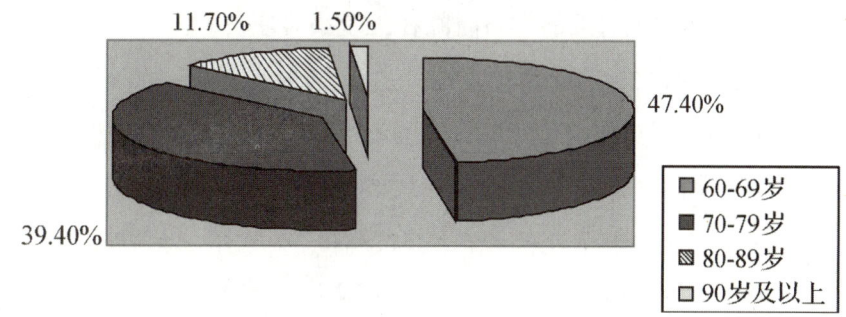

（4）哪一年龄段的人口占老年总人口的比率最大？

bǐzhòng, proportion

2. 阅读课后附录2，画一张老龄人口比重变化数据图。可模仿以下老龄人口数量变化图。

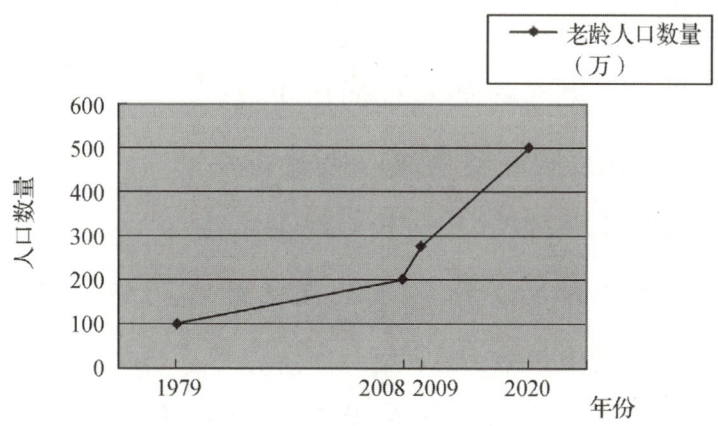

第 7 课　数据和图表

三、写作小贴士

说明数据的方法

汉语中，表示数量时，有以下几类常用词语：

（1）表示某一数量：前置的词语有"达到/达有/超过/不到/大概"等，如"我每天的学习时间超过三个小时"；后置的有"左右/上下/以上/以下"等，如"我每天的学习时间在三个小时左右"。

（2）表示数量的变化：常用"上升/增加/下降/减少"等。注意这些词语后面加"到"或"了"时，意思有差别。如"昨天的气温是3度，今天的气温增加了2度"。意思就是"今天的气温增加到5度"。

（3）另外，表示比例或倍数时，有一些常用的句式，如："占……的……%""……比重/比例/比率/……率……达到/超过/突破/上升到（至）/下降到（至）……%""呈下降/上升/……趋势"。这类句式常用来说明图表。例如：热身练习中第二张图表说明："2007年北京市60~69岁的老年人口占老年总人口的比重达到47.4%"。

⌃ 参考以上说明，用表示数据的词语填空。

1. 根据最新规定，月工资（　　）3500元就需要交税。

2. 今年全球手机用户数有望（　　）50亿。

3. 近年来，中国老龄人口的比重呈（　　）趋势。

4. 科学研究发现，健康成人每天需要（　　）2000毫升水。

5. 这两天气温骤降，一下子跌至零度（　　）。

6. 今年春运期间，铁路系统发送旅客高达1.49亿人次，比去年同期（　　）12%。

7. 昨晚，陕西南路附近发生了一起严重车祸，截至今天上午，死亡人数已（　　）10人。

8. 调查表明，目前网络购物用户中女性用户的比例（　　）总用户的一半（　　）。

四、写作练习

1. 两位同学一组，根据以下图表，用本课学到的表示数据的方法来提问和回答，并把问题和答案写下来。（至少10个）

60岁及以上人口占总人口比重的发展趋势（%）

年份 国家	1950	1960	1970	1980	1990	2000	2010
全世界	8.1	8.1	8.4	8.6	9.2	9.8	10.7
发达国家	11.6	12.6	14.5	15.5	17.6	19.2	21.2
发展中国家	6.4	6.1	6.1	6.3	6.9	7.6	8.5
中国	7.2	7.2	6.8	7.4	8.6	9.9	11.7

中国老年人活动时间分布比例（%）

时间 活动方式	没有	1小时以下	1～2小时	2～3小时	3小时以上
读书读报	29.31	34.67	28.93	4.6	2.49
看电视	3.45	16.48	39.84	24.52	15.71
下棋打牌	79.88	8.05	5.17	3.26	3.4
运动健身	27.59	42.9	25.1	3.64	0.77

2. 根据以上数据，写一份关于中国老年人问题的报告。（提示：应通过数据提出结论。300 字左右）

3. 以小组为单位，就一个感兴趣的问题展开调查，记下有用的数据材料，并根据这些数据画出图表，写一份报告。（如：同学的课余时间安排、对未来的计划、消费习惯等。500 字左右）

附录

1. 课余时间的安排

　　我每天晚上花两个小时学习。

　　我每天需要8个小时的睡眠。

　　每个周末，我都会用半天的时间逛书店。

　　我经常去唱卡拉OK，一唱就是几十首歌。

　　我每天晚上都看韩剧，一般每天至少看3集。

2. 老龄化问题

　　根据联合国最新界定的标准，65岁以上人口占人口总数7%以上即为老龄社会。上海市是全国最早迈入老龄社会的城市，1979年这个数字就已达到7.2%。截至2008年底，上海市65岁及以上户籍老年人口首次高达200万人，占户籍人口的15.4%，80岁及以上高龄老年人口则以每年平均2.86万的速度递增，全市已达53万多人。2009年，老龄人口超过了275万，比重更增加到25%。据预测，到2020年，上海市老龄人口将突破500万，将达到每3个市民中就有1个老人。

LESSON 8

第8课
复 习

一、小组讨论

在这个学期的写作练习中，你觉得哪一课的练习对你帮助最大？哪一课的练习对你来说最难？

二、重新阅读

重新阅读写作练习本中的七篇作业，列出每次作业中你的主要语言错误，并自己订正。

题 目	错误与订正	
1. 我的家乡	错误	
	订正	
2. 给市长的一封信	错误	
	订正	
3. 照片背后的故事	错误	
	订正	
4. 读后感	错误	
	订正	

题 目	错误与订正	
5. 通过几件事来写一个人	错误	
	订正	
6. 谈话记录	错误	
	订正	
7. 数据和图表	错误	
	订正	

三、交换阅读

和你的一位同学交换写作练习本,阅读他/她的作业,并选出你觉得他/她写得最好的一篇,看看里面有哪些值得你学习的好的词语和句子,把它们写在练习本上。

四、重新写作

找出你最不满意的一次作业,想一想为什么你感到最不满意,请在写作练习本上重新写一遍。

词汇表
Vocabulary

第1课

本帮菜	běnbāngcài	local food
中西合璧	zhōngxī hébì	Chinese and Western styles combined
元素	yuánsù	element
不妨	bùfáng	might as well
开门见山	kāi mén jiàn shān	to come straight to the point
利落	lìluò	easily and smoothly in one action
修辞	xiūcí	rhetoric
简洁	jiǎnjié	concise
辈出	bèichū	to come forth in large numbers
甲	jiǎ	to rank first
镶嵌	xiāngqiàn	to inlay
正宗	zhèngzōng	authentic
四合院	sìhéyuàn	a residence consisting of a courtyard surrounded by buildings at the four sides
一饱眼福	yì bǎo yǎnfú	to feast one's eyes (on somebody or something)
侬好	nóng hǎo	hello

第2课

不胜	búshèng	(used to indicate degree of emotion) very, deeply
有条不紊	yǒu tiáo bù wěn	systematically
倡议	chàngyì	proposal
监视器	jiānshìqì	a television screen used to show particular kinds of information
采纳	cǎinà	to accept (a suggestion or policy, etc.)
推敲	tuīqiāo	to think carefully about something, usually before making a decision

第6级 词汇表

辨析	biànxī	to discriminate
褒义	bāoyì	commendatory
贬义	biǎnyì	derogatory
敬辞	jìngcí	term of respect
美中不足	měi zhōng bù zú	imperfect
抱怨	bàoyuàn	to complain
塑胶	sùjiāo	plastic cement

第3课

聚精会神	jù jīng huì shén	to concentrate one's attention
僵化	jiānghuà	to rigidify
对偶	duì' ǒu	antithesis
前仰后合	qián yǎng hòu hé	to sway from side to side (with laughter)

第4课

简述	jiǎnshù	a short description of something
半途而废	bàn tú ér fèi	to give up halfway
虎头蛇尾	hǔ tóu shé wěi	fine start and poor finish
离奇	líqí	fantastic
坚持不懈	jiānchí búxiè	persistent, unremitting
畅销	chàngxiāo	to be in great demand, to sell well

风靡	fēngmǐ	fashionable
点点滴滴	diǎndiǎndīdī	dribs and drabs
邪恶	xié'è	evil
难关	nánguān	difficulty
春秋	chūnqiū	spring and autumn, year
思绪万千	sīxù wànqiān	to be lost in a myriad of thoughts
毅力	yìlì	the ability to control your thoughts and actions in order to achieve what you want to do
柔韧	róurèn	pliable and tough
拼搏	pīnbó	to go all out to win success
一鸣惊人	yì míng jīng rén	to amaze the world with a single brilliant feat, to become famous overnight

第5课

| 感同身受 | gǎn tóng shēn shòu | to feel as if one experiences something in person |

逻辑	luóji	logic
艰巨	jiānjù	onerous
塌	tā	(of a nose) short, flat and turned up at the end
嘟	dū	to pout
示弱	shìruò	to give in, to yield
谈天说地	tán tiān shuō dì	to chat randomly
万紫千红	wàn zǐ qiān hóng	a blaze of color
活灵活现	huó líng huó xiàn	vivid

第6课

随意	suíyì	at will
脱口而出	tuō kǒu ér chū	to blurt out
肺气肿	fèiqìzhǒng	pulmonary emphysema
尼古丁	nígǔdīng	nicotine
痴迷	chīmí	be infatuated

第7课

| 比重 | bǐzhòng | proportion |

拾级汉语 写作课本

部分练习参考答案

第1课　我的家乡

二、热身练习

1. 阅读课后附录，按照在对话中出现的顺序给下列几张图片排序，并用一句话介绍图片中的事物。

排列顺序：（3）、（5）、（2）、（6）、（4）、（1）

（1）上海话中"侬好"就是"你好"。

（2）金茂大厦是世界第三高楼。

（3）上海有美味的小笼包。

（4）南京路很热闹。

（5）这是世博会的中国馆。

（6）石库门是上海的传统建筑。

2. 根据图片和附录中的对话内容完成以下语段，用张大为的口气介绍他的家乡。

我的家乡在上海，上海是个好地方。

吃在上海。上海不但有很多著名的本帮菜，还有很多别具特色的小吃，比如美味的小笼包。

玩在上海。上海有很多值得一逛的地方，比如说金茂大厦，它是世界第三高楼；比如说南京路、淮海路；又比如说外滩。

上海也是一个中西合璧的城市，既保留了传统的海派文化，又融入了新的外来元素，比如很多石库门改建的酒吧。

上海话也是上海的一个重要特色，上海人打招呼的时候会说："侬好"。如果您来这里旅游的话，不妨先学上两句简单的上海话。

新世纪的上海是现代化、国际化、时尚化的城市，她将热情地欢迎世界各国朋友的到来。

三、写作小贴士

阅读下列文章开头，说说它们分别属于哪种开头方式。

1. 我的家乡——上海，是一座非常现代化而又不失传统特色的大都市。　　　　　　　　　　　　　　　　　　　（开门见山）

2. "上有天堂，下有苏杭"，我的家乡就在那如天堂般美丽的苏州……　　　　　　　　　　　　　　　　　　　（引用诗句）

3. 每个人都有自己的家乡，有的人的家乡高楼林立、繁华热闹，有的人的家乡山清水秀、风景如画，还有的人的家乡人杰地灵、名人辈出，而我的家乡却是一个景色平平、贫穷落后的小县城……

　　　　　　　　　　　　　　　　　　　　　　　　（修辞——排比）

4. 俗话说，"桂林山水甲天下"，朋友，您到过桂林吗？您游览过桂林的秀丽风光吗？　　　　　　　　　　　（引用俗语，提问）

5. 我的家乡青岛，像一颗灿烂的明珠镶嵌在山东半岛上。碧海蓝天、红瓦绿树一直是青岛的骄傲。特别是最近几年来，家乡的变化更大了……　　　　　　　　　　　　　　　　　（修辞——比喻）

第2课　给市长的一封信

二、热身练习

1. 阅读下面这封信，并回答问题。

（1）这是一个大学生写给上海市市长的信。他就城市中狗便的清理问题提出了建议，并希望这些建议能被有关部门采纳。

（2）看一下（过目）　　　很有秩序（有条不紊）

　　已经（已）　　　　　放（设置）

　　增长（增强）　　　　采用（采纳）

三、写作小贴士

用"～～～"画出下面句子中使用不当的词语,并换成合适的词。

1. 他亲密的笑容给我留下了很好的印象。　　　　　　　（亲切）

2. 每个暑假,我都会回老家拜访我的父母。　　　　　　（看望）

3. 周末,我们光临了桃子的家,为她庆祝生日。　　　　（来到）

4. 他是个性格顽固的学生,无论遇到什么困难,都不会放弃。（顽强）

5. 爸爸有时对我很严厉,但心里却很爱戴我。　　　　　（疼爱）

6. 蝴蝶在花丛中自由地飞翔。　　　　　　　　　　　　（飞舞）

7. 让我们强烈鼓掌欢迎新同学的到来吧。　　　　　　　（热烈）

8. 这张贺卡是弟弟亲手制造的,所以妈妈收到卡片的时候非常高兴。

（制作）

9. 我家门前种着一排树林,一半是桃树,另一半是梨树。　（树）

10. 来中国以后,我经验了很多意想不到的事情。　　　　（经历）

四、写作练习

1. 改正下面这封信中的语言错误。

尊敬的校长先生:

您好!

我是本校即将毕业的一名学生,回忆这六年来的学习经验(①经历),我感到非常愉快,也一直为自己是这所学校的学生而得意(②自豪)。在离开母校之前,我根据自己这几年来的亲身体会,觉得我校还有一些美中不足的地方。在此,我给您提几条意见,供您参考。

一、噪声问题

一天下午,教室里十分安静,我和同学们正专心地做课堂作业。突然,从学校的正北方传来阵阵喇叭声,同学们都吓了一跳,大家纷纷抱怨起来。老师也说："学校就该离社区远一点儿的。"下课后，我重复（③反复）思考老师上课说的话，觉得非常有道理。因此，我向您建议，把学校迁到离社区远一点儿的地方。还有一些噪声是学校本身产生的，例如，音乐课堂等。所以，我认为应该设立一个专门的音乐教室，这样同学们上其他课时，就不会受到歌声的干扰了。

二、增加英语课时

英语是全世界的通用语言，在当今社会中，英语日益普及，我们也应该更加积极地学习英语，从而（④删去"从而"）将来能更容易步入社会，从而达到走向世界的目的。可是，现在学校每个星期的英语课太少，上过就忘了。所以，我建议学校增加英语课时，并且增加英语的课外活动。

三、操场跑道问题

操场是学生健身和课间活动的场所，应该安全舒适而美观。可是，我们的操场地面是石子的，十分硬，学生一不小心就会将手或腿摔破，很不安全。所以，我提议将操场变化（⑤改为）塑胶的。

以上是我的几点建议，请您考虑。

此致

敬礼！

学生：王小雨

2011年5月30日

第3课　照片背后的故事

二、热身练习

1. 根据下列照片回答问题。

（1）这四张照片都是在公园里拍的。

（2）这四张照片的共同主题是老年人的生活。

（3）A—照片2，B—照片3

三、写作小贴士

句式变换练习

1. 将下面的长句改成几个短句，保持意义不变。

在学院组织的长达一个星期的教学旅行中，全体师生怀着愉快的心情参观了包括故宫、天安门在内的十几处名胜古迹。

<u>最近，学院组织了一次教学旅行。</u>

<u>这次旅行长达一个星期。</u>

<u>在这段时间里，全体师生参观了十几处名胜古迹，包括故宫、天安门等。</u>

<u>大家的心情非常愉快。</u>

2. 给下面的短句增加一些修饰性成分，扩展成长句。

这是一张有意思的照片。

这是三年前我和我们班同学在公园野餐时拍的<u>一张很有意思的照片。</u>

老师在给同学上课。

年轻的汉语老师在新建的教学楼里认真地给大一的同学上课。

3. 把下面句中画线部分的散句变成整句。

尽管大家都来自不同的国家，<u>说的语言不一样，彼此的文化差别也很大，</u>但学好汉语却是大家的共同目标。

尽管大家都来自不同的国家，<u>说的语言不一样，彼此的文化不一样，</u>但学好汉语却是大家的共同目标。

4. 在横线上填上一组整句，使句子意思完整。

由于人类不注意保护环境，环境问题越来越严重：清澈的溪水被染成了黑色，<u>蔚蓝的天空变得灰蒙蒙的，</u><u>马路上汽车排放出难闻的尾气，</u>白色污染也到处都是。因此，我们每个人必须不断增强我们的环保意识，担负起保护我们的家园——地球的重任。

第4课　读后感

二、热身练习

1. 阅读课后附录1，看看每篇读后感分别对应哪本书，并根据读后感内容完成表格。

书　名	对应的读后感	作者	主要内容（概括）	感想（概括）
《老人与海》	读后感A	海明威	老渔夫克服困难，把大鱼带回家。	只有坚持不懈，才能取得成功。
《假如给我三天光明》	读后感B	J.K.罗琳	小哈利和他的朋友在魔法学校的故事。	只要相信自己，勇敢地面对困难，就一定能取得胜利。
《哈利·波特》	读后感C	海伦·凯勒	海伦以她惊人的毅力获得成功的故事。	谁都可以凭借顽强的毅力获得成功。

三、写作小贴士

将下列句子按正确的顺序连接成文，并拟一个标题。

标题：《西游记》读后感

排列顺序：4→7→5→6→3→1→2

第5课　通过几件事来写一个人

二、热身练习

1. 下面是关于张大为表妹的三幅漫画，请用简短的句子描写漫画的内容。

图片1：不管是严冬还是夏日，每天早上，表妹都认真地练习武术。

图片2：表妹正在讲故事，小朋友都被吸引了，聚精会神地听着。

图片3：表妹在画画，画上有山，有水，还有鲜花。

2. 阅读课后附录，给这篇文章拟一个题目。

题目：我最佩服的人

三、写作小贴士

从下列语段中选取合适的段落，将其按照一定的顺序分别编排成文，并在标题的横线上填上一个形容词。

我的出色的同桌：G-J-K

我的讨厌的同桌：B-E-C-F-H

我的难相处的同桌：A-D-I

第6课 谈话记录

二、热身练习

1.阅读课后附录1，根据文中的信息，完成下面的表格。

谈话的主题	谈话的内容
爷爷的读书习惯	每天早上读书
爷爷的读书范围	各种书和报纸杂志
爷爷读书累不累	不累，像和人谈话，能收获很多
爷爷的读书时间	挤时间
爷爷的读书方法	抄写好词好句

2.阅读课后附录2，找出这段话的主要观点和理由。

主要观点：吸烟有害健康。

理　　由1：吸烟影响个人形象。

理　　由2：吸烟损害健康。

理　　由3：吸烟伤害他人。

第7课 数据和图表

二、热身练习

1.阅读下面的图表，回答问题。

（1）33.23%

（2）67.60%

（3）农村

（4）60～69岁

2. 阅读课后附录2，画一张老龄人口比重变化数据图。可模仿以下老龄人口数量变化图。

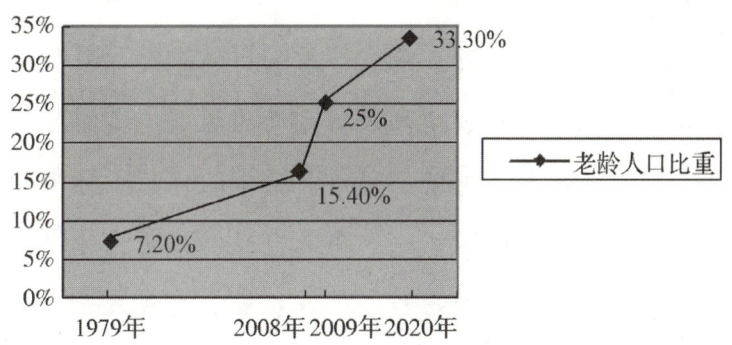

三、写作小贴士

参考以上说明，用表示数据的词语填空。

1. 根据最新规定，月工资（超过）3500元就需要交税。

2. 今年全球手机用户数有望（达到）50亿。

3. 近年来，中国老龄人口的比重呈（上升）趋势。

4. 科学研究发现，健康成人每天需要（至少）2000毫升水。

5. 这两天气温骤降，一下子跌至零度（以下）。

6. 今年春运期间，铁路系统发送旅客高达1.49亿人次，比去年同期（增加）12%。

7. 昨晚，陕西南路附近发生了一起严重车祸，截至今天上午，死亡人数已（达）10人。

8. 调查表明，目前网络购物用户中女性用户的比例（占）总用户的一半（以上）。

关于本教材涉及的有关著作权说明

为了尽可能保证语言的自然和真实，本教材的课文都是在真实文本的基础上改写而成的。由于时间、地域等多方面的原因，我们在没有一一与权利人联系上的情况下就使用并改写了有关作者的作品。对外汉语教学或者说汉语的国际推广是中华民族的一项事业，我们希望能得到您的理解和支持。由于教学的需要，我们对您作品的改动可能使其失去了不少原有的光彩，希望您能谅解。另外，有些作品由于不清楚作者的信息，所以没有署上作者的名字，也请您谅解。

为了尊重原作者的著作权，在此特委托北京版权代理有限责任公司向权利人转付稿酬。请您与北京版权代理有限责任公司联系并领取稿酬。领取稿酬时请提供相关资料：① 本人身份证明，② 作者身份证明。

联系方式如下：

北京版权代理有限责任公司

地　　址：北京市海淀区知春路23号 量子银座1403室

电　　话：010-82357056/7/8-229/230

传　　真：010-82357055

联系人：吴文波　方芳

编　者

第1课 我的家乡

作文要求：_____

_____

_____

这篇文章是 _____（谁）写给 _____（谁）的

写作提纲或草稿：

写作文：

(字数要求：＿＿＿＿＿＿＿＿＿＿)

10×11＝110字

10×12=120字

10 × 12 = 120字

第2课 给市长的一封信

作文要求：_____

_____

_____

这篇文章是 _____（谁）写给 _____（谁）的

写作提纲或草稿：

写作文：

(字数要求：＿＿＿＿＿＿＿＿＿＿)

10×11＝110字

10 × 12 = 120字

10 × 12 = 120字

10 × 12 = 120字

10 × 12 = 120字

第3课 照片背后的故事

作文要求：_____

_____

_____

这篇文章是 _____（谁）写给 _____（谁）的

写作提纲或草稿：

写作文：

(字数要求：_____)

10 × 11 = 110字

10 × 12 = 120字

10 × 12 = 120字

10×12＝120字

10 × 12 = 120字

第4课 读后感

作文要求:_____

_____

_____

这篇文章是 _____ (谁) 写给 _____ (谁) 的

写作提纲或草稿:

写作文：

(字数要求：_____)

10 × 11 = 110字

10 × 12 = 120字

10 × 12 = 120字

10 × 12 = 120字

第5课 通过几件事来写一个人

作文要求：_____

_____

_____

这篇文章是 _____（谁）写给 _____（谁）的

写作提纲或草稿：

写作文：

(字数要求：_____)

10×11＝110字

10 × 12 = 120字

10 × 12 = 120字

10 × 12 = 120字

10 × 12 = 120字

第6课 谈话记录

作文要求：_____

_____

_____

这篇文章是 _____（谁）写给 _____（谁）的

写作提纲或草稿：

写作文：

(字数要求：_____)

10×11=110字

10 × 12 = 120字

10×12＝120字

10 × 12 = 120字

10 × 12 = 120字

10 × 12 = 120字

第7课 数据和图表

作文要求：_____

_____

_____

这篇文章是 _____（谁）写给 _____（谁）的

写作提纲或草稿：

写作文：

(字数要求：_____)

10 × 11 = 110字

10×12=120字

10 × 12 = 120字

10 × 12 = 120字

10 × 12 = 120字

10 × 12 = 120字

第8课 复习

_____（哪个）同学的作文 _____

_____（作文题目）写得最好

这篇作文中的好词和好句：

10 × 8 = 80字

10×12=120字

最不满意的作文是 _____ （作文题目）

不满意这篇作文的原因：

10 × 10 = 100字

第二次写作

作文要求：_____

_____

_____

这篇文章是 _____（谁）写给 _____（谁）的

写作提纲或草稿：

写作文：

(字数要求：＿＿＿＿＿＿＿＿＿＿)

10 × 11 = 110字

10 × 12 = 120字

10 × 12 = 120字

10×12=120字

10 × 12 = 120字

10 × 12 = 120字